NATIONAL GEOGRAPHIC KiDS

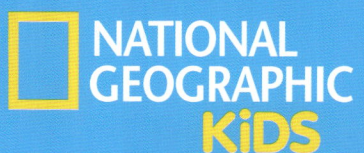

나의 첫 세계 지도책

내셔널지오그래픽 키즈 외 지음 | 서남희 옮김

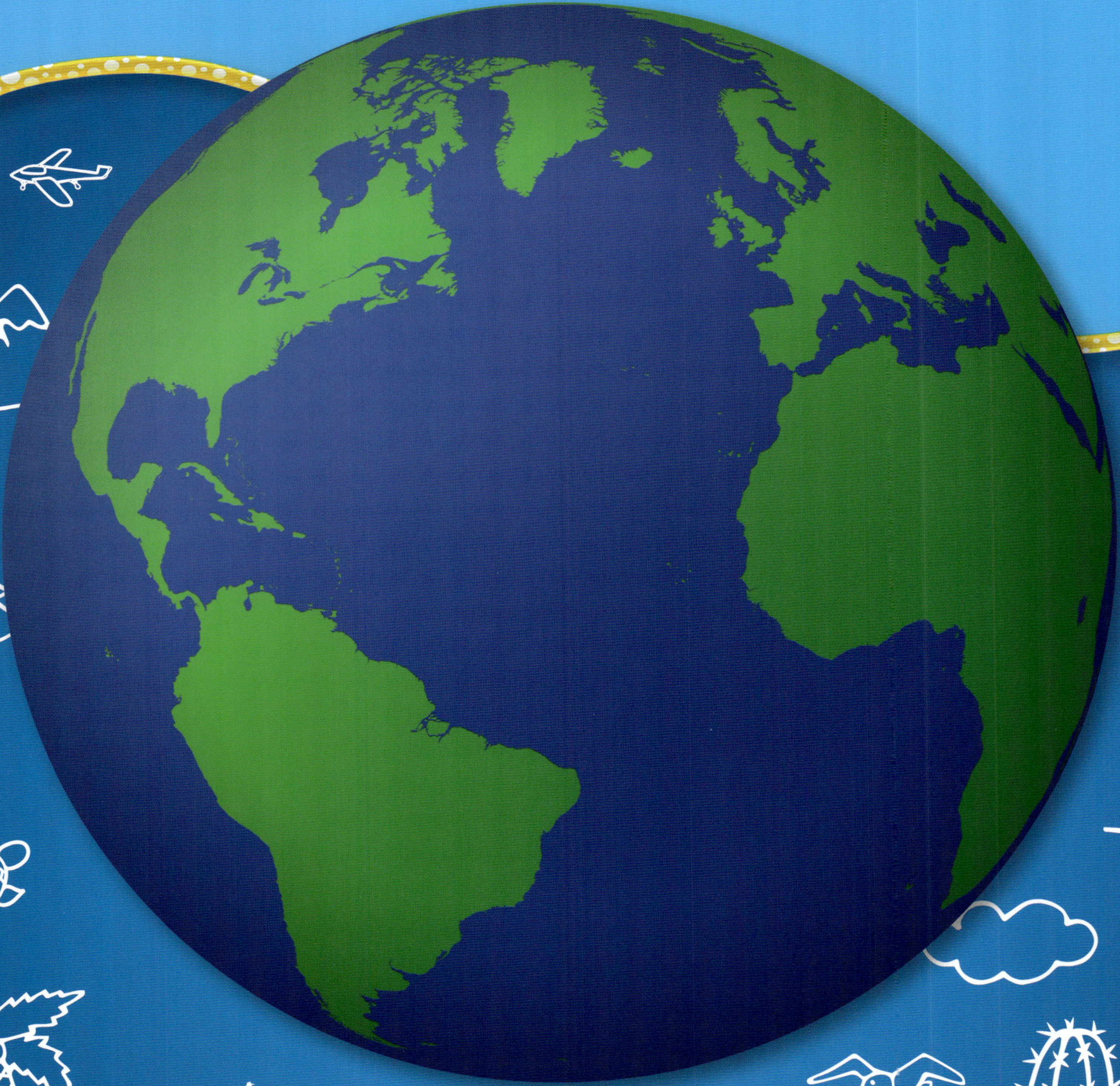

비룡소

나의 첫 세계 지도책

지구를 지구본으로 봐요!	4
지구를 지도로 그려요!	6
땅을 자세히 살펴볼까요?	8
땅과 바다	10
사람들은 어디에 살까요?	12

아시아 14
대한민국 16

유럽 18

아프리카 20

북아메리카   **22**
미국   24
캐나다   26
멕시코와 중앙아메리카   28

남아메리카   **30**

오세아니아   **32**
오스트레일리아   34

남극 대륙   **36**

가장 높고 길고 큰 곳은   38
어디일까요?

용어 풀이, 일러두기   40

지구를 지구본으로 봐요!

우주여행을 하는 우주 비행사들이 바라보는 지구는 엄청나게 크고 둥그런 공 같아요. 지구본은 지구를 본떠 만든 작고 둥근 공이에요. 지구본을 보면 우리는 우주 비행사처럼 지구를 볼 수 있어요. 눈앞에 보이는 딱 한 부분씩 말이죠.

지구

지구본

지구본의 반대편이 궁금한가요?
지구본을 빙그르르 돌려 보세요.

지구를 지도로 그려요!

지도는 지구를 평면으로 그린 그림이에요. 지도는 지구본과 달라 보여요. 하지만 지도도 지구본도 지구의 모습을 보여 줘요. 세계 지도로 지구 전체 모습을 한눈에 볼 수 있어요. 이 지도에서 파란색은 물이고, 녹색은 땅이에요. 커다란 땅덩어리들을 대륙이라고 해요. 아주 넓은 면적을 차지하는 물을 대양이라고 해요.

아래처럼 생긴 **방위표**는 지도에서 방향을 표시해요. 이 책의 모든 지도에서 북쪽은 위쪽, 남쪽은 아래쪽, 서쪽은 왼쪽, 동쪽은 오른쪽이에요.

땅을 자세히 살펴볼까요?

땅은 종이처럼 평평하지 않아요. 높은 곳도 있고 낮은 곳도 있어요. 숲에는 나무들이 자라요. 탁 트인 낮은 땅에 풀이 자라는 넓은 초원이 있어요. 산과 화산은 높이 솟았어요. 사막은 바싹 마른 땅이에요. 바다와 호수에는 물이 넘실거려요. 강물은 높은 곳에서 낮은 곳으로 흘러요. 때때로 강이 급하게 흘러내리면 폭포가 생겨요. 이 그림에서 하나하나 찾아볼까요?

땅과 바다

지도에 모든 것을 다 담을 수는 없어요. 그래서 지도는 아주 작은 그림 기호를 이용해서 지구 표면의 생김새를 보여 줘요. 아래의 지도 기호표가 기호의 뜻을 알려 주지요. 또한 지도에는 지구의 중요한 특징을 글로 표시해 놓아요.

사람들은 어디에 살까요?

사람들은 지구의 표면을 여러 나라로 나누었어요. 여러분은 어느 나라에 살고 있나요? 지도에서 찾을 수 있나요? 이 지도는 가까운 나라들을 서로 다른 색으로 칠했기 때문에 한 나라의 국경을 금방 알 수 있어요. 또 이 지도에 세계의 나라 이름을 다 표시하지는 못했지만 그래도 나라의 이름이 많이 나와요. 계속 책장을 넘겨서 각 대륙의 나라들에 대해 차근차근 알아보아요.

그린란드 (덴마크 영토)

캐나다

미국

멕시코

대서양

모로코

모리타니

태평양

베네수엘라

콜롬비아

페루

브라질

볼리비아

파라과이

칠레

아르헨티나

참고: 면적이 336,700제곱킬로미터 미만인 나라는 이름을 넣지 않았어요.

13

아시아

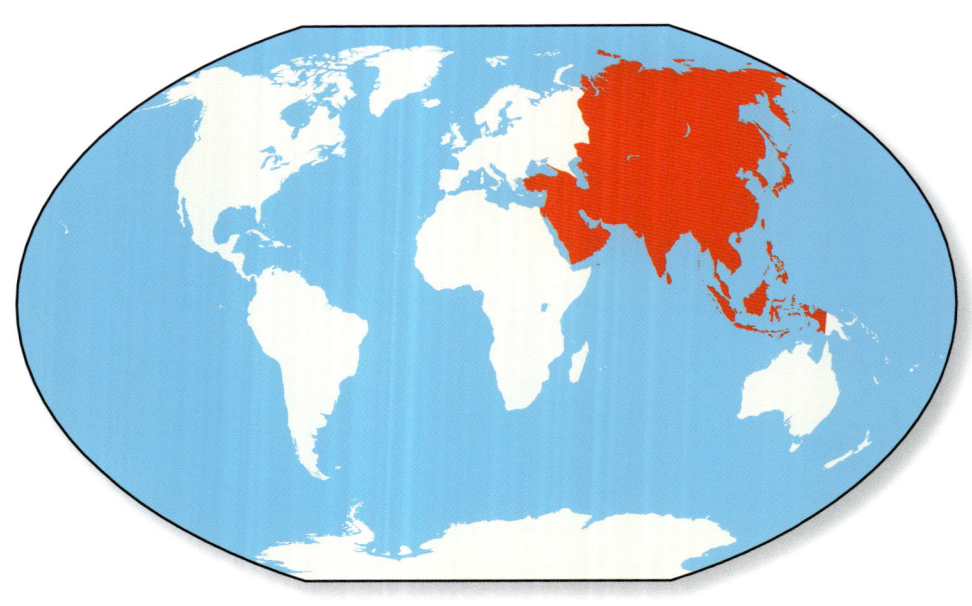

인도네시아 부퉁섬 바우바우의 해변에서 아이들이 뛰고 있어요.

아시아는 지구에서 사람들이 가장 많이 살고, 땅도 가장 넓고, 가장 높은 산도 있는 곳이에요. 끝없는 사막과 무더운 열대 우림도 있고, 꽁꽁 얼어붙은 툰드라도 있어요. 일본 같은 섬나라도 있고, 몽골같이 바다에서 멀리 떨어진 나라도 있어요.

◀ 야생에서 **대왕판다**는 대나무 숲이 우거진 중국에서만 살아요. 이 사진에는 대왕판다가 몇 마리나 있나요?

지도에서 찾아보자!

많은 인도 사람들이 갠지스강에 몸을 담그면 병이 낫는다고 믿어요. 그래서 아픈 사람들은 이 강에서 목욕을 하지요. **인도는 어디에 있을까요?**

이스라엘의 예루살렘은 유대인, 기독교도, 이슬람교도에게 중요한 성지예요. **이스라엘은 어디에 있을까요?**

참고: 지도의 점선 너머는 유럽이에요.
두 대륙에 걸친 나라들도 있어요.
18~19쪽에 있는 지도와 비교해 보세요.

참고: 이 지도에 이름이 없는 나라들은 40쪽에서 이름을 찾아보세요.

◀ **에베레스트산**은 세계에서 가장 높은 산이에요. 높이가 8849미터나 되지요! 이 산은 네팔과 중국 사이에 있어요.

◀ 아시아에서는 주식으로 **쌀**을 먹어요. 어떤 지역에서는 계단식 논인 다랑논에서 벼를 키우기도 해요. 다랑논은 비탈진 산기슭을 계단처럼 깎아서 만들어요.

중국의 만리장성은 수백 년 전까지 적의 침입을 막기 위해 세워졌어요. 성벽의 길이는 8050킬로미터가 넘어요. **중국은 어디에 있을까요?**

일본에서 가장 빠른 열차는 고속 철도인 신칸센이에요. 날마다 이 열차를 타고 출퇴근하는 사람이 백만 명에 이르러요. **일본은 어디에 있을까요?**

15

대한민국

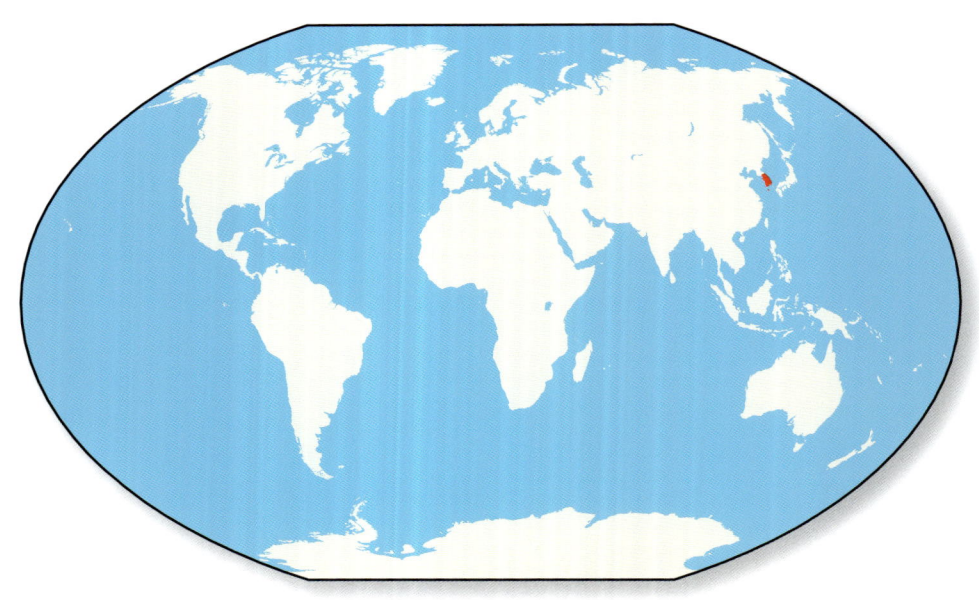

한국 어린이들이 태권도 시합을 하고 있어요.

대한민국은 아시아의 동북쪽에 있는 작은 나라예요. 짧게 '한국'이라고도 불러요. 한반도는 북쪽으로 대륙과 이어지고 삼면은 바다로 둘러싸였어요. 주변에 섬이 많아요. 동해의 울릉도 옆에는 독도처럼 작은 섬도 있지요. 또, 산지도 강도 많아요. 사람들은 큰 도시에 많이 살고, 한국어를 쓰고 고유한 글자인 한글을 써요.

고라니는 한반도에서 사는 사슴과 중에서 가장 수가 많아서 야생에서 종종 볼 수 있어요. 수컷은 위턱의 송곳니가 입 밖으로 뾰족하게 튀어나와 있어요.

지도에서 찾아보자!

황해에 있는 갯벌은 바닷물이 드나드는 땅이에요. 밀물 때 물에 잠기고 썰물 때 드러나요. **황해는 어디에 있을까요?**

정동진은 강원도를 대표하는 해돋이 명소예요. 새해에 많은 사람들이 찾는 곳이에요. **정동진은 어디에 있을까요?**

▲ **두루미**는 큰 새예요. 머리에 빨간 점이 있어요. 가을에 한반도로 날아와 겨울을 나곤 해요. 500원짜리 동전에 그려진 새가 바로 이 새예요.

◀ **고인돌**은 먼 옛날에 거대한 돌을 쌓아 만든 무덤 또는 기념물이에요. 강화도에 가면 볼 수 있어요.

남해의 큰 섬 **제주도**는 화산 활동으로 만들어졌어요. 휴가지로 인기가 많아요. ▼

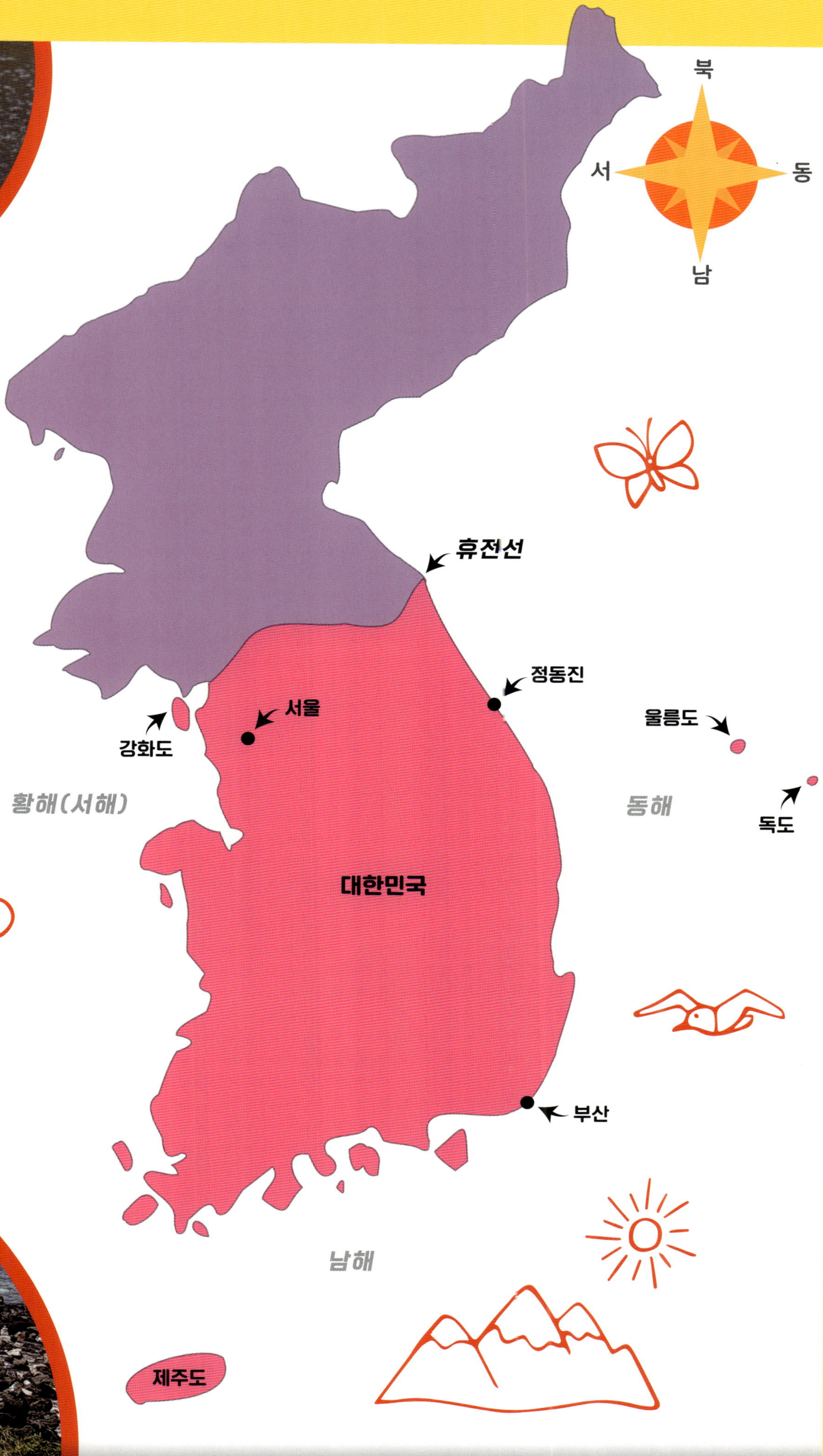

서울 광화문 광장에 세종 대왕 동상이 있어요. 세종 대왕은 백성을 위해 한글을 만든 왕이에요. **서울은 어디에 있을까요?**

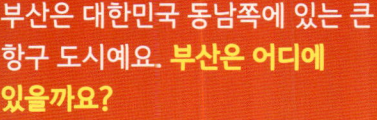
부산은 대한민국 동남쪽에 있는 큰 항구 도시예요. **부산은 어디에 있을까요?**

유럽

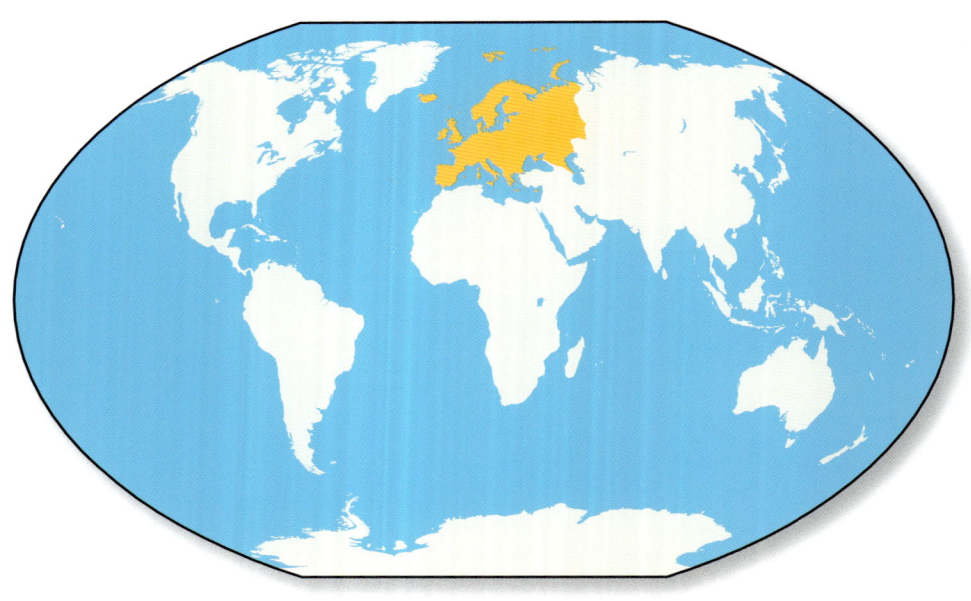

독일 어린이들이 머핀을 장식하고 있어요.

유럽에는 많은 나라가 있고, 다양한 언어를 쓰는 다양한 사람들이 살고 있어요. 땅이 긴 손가락 모양으로 바다로 뻗은 반도가 많지요. 또 섬과 긴 강도 많이 있어요. 대부분의 지역이 물과 가까워요.

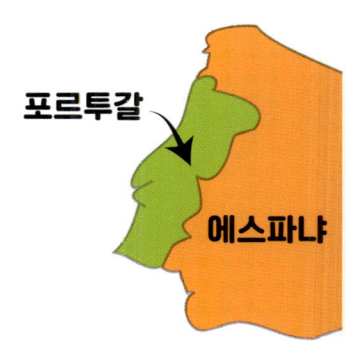
포르투갈
에스파냐

이탈리아 북부의 도시인 베네치아는 **운하**가 많아요. 사람들은 작은 배를 타고 운하를 따라 도시 여기저기로 다니지요.

농부가 잘 익은 **포도**를 따고 있어요. 유럽의 남쪽은 대체로 날씨가 따스하고 햇빛이 좋아서 온갖 과일이 잘 자라요.

지도에서 찾아보자!

성 바실리 대성당은 러시아에서 가장 유명한 성당이에요. 화려한 지붕이 양파처럼 생겨서 양파 돔이라는 별명이 있어요. **러시아는 어디에 있을까요?**

아이슬란드에는 100개가 넘는 화산과 많은 온천이 있어요. 또한 빙하라고 하는 거대한 얼음 강도 있어요. **아이슬란드는 어디에 있을까요?**

18

참고: 이 지도에 이름이 없는 나라들은 40쪽에서 이름을 찾아보세요.

아이슬란드

아일랜드
영국
스웨덴
노르웨이
핀란드
러시아
라트비아
리투아니아
벨라루스
독일
폴란드
카자흐스탄
프랑스
체코
우크라이나
오스트리아
헝가리
이탈리아
루마니아
세르비아
불가리아
튀르키예
그리스

북 / 서 / 동 / 남

참고: 지도의 점선 너머는 아시아예요. 두 대륙에 걸친 나라들도 있어요. 15쪽에 있는 지도와 비교해 보세요.

빅 벤은 영국의 수도 런던에 있는 유명한 시계탑인 엘리자베스타워에 설치된 대형 시계예요.

에펠탑은 프랑스 파리에서 가장 높은 건축물이에요. 파리에 온 관광객들이 즐겨 찾는 곳이지요. 프랑스는 어디에 있을까요?

우크라이나에서는 씨와 기름을 얻으려고 해바라기를 많이 키워요. 우크라이나는 어디에 있을까요?

아프리카

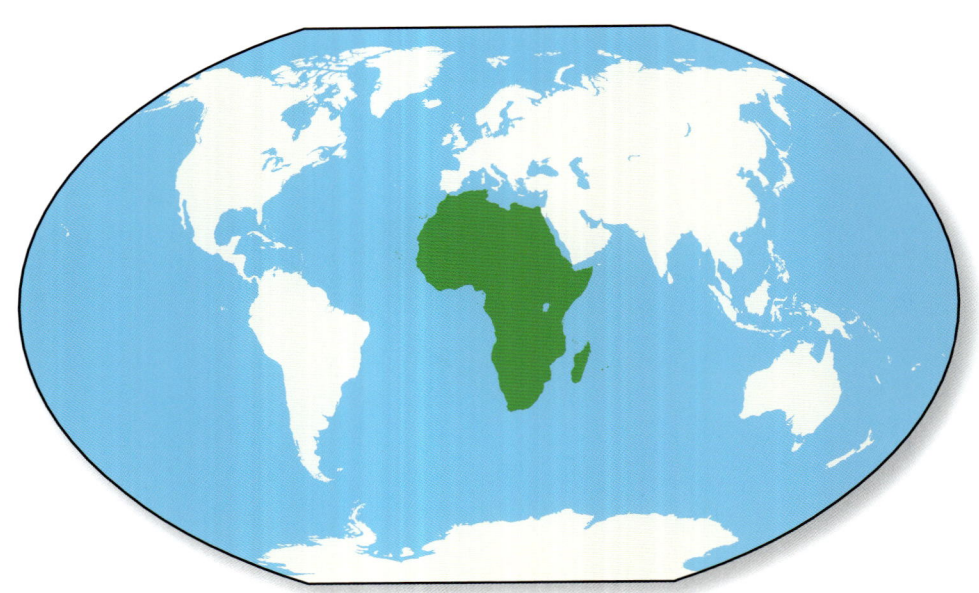

짐바브웨 어린이들이 축구를 하고 있어요.

아프리카에는 54개 나라가 있어요. 그 어느 대륙보다 많은 나라가 있지요. 아프리카 사람들이 쓰는 언어는 1000개가 훨씬 넘어요. 아프리카에는 뜨거운 사막과 열대 우림과 드넓은 초원이 있어요. 많은 사람이 농사를 짓거나 가축을 기르는 일을 해요. 마을과 대도시에 많은 사람들이 모여 살아요.

◀ **여우원숭이**는 원숭이, 유인원, 인간과 같은 영장류예요. 야생에서는 오직 코모로섬과 마다가스카르섬에서만 살아요.

지도에서 찾아보자!

킬리만자로산은 아프리카에서 가장 높은 산이에요. 새하얀 눈이 덮인 이 산은 탄자니아에 있어요.
탄자니아는 어디에 있을까요?

먼 옛날 이집트 사람들은 피라미드를 세웠어요. 피라미드는 왕이 죽으면 묻히는 곳이었지요.
이집트는 어디에 있을까요?

20

북
서 동
남

모로코
서사하라
(모로코 영토)
알제리
리비아
이집트
모리타니
말리
니제르
차드
수단
기니
부르키나파소
나이지리아
남수단
에티오피아
코트디부아르
중앙아프리카 공화국
소말리아
대서양
카메룬
가봉
케냐
콩고
콩고 민주 공화국
탄자니아
인도양
모잠비크
앙골라
잠비아
마다가스카르
짐바브웨
나미비아
보츠와나
남아프리카 공화국

나무로 만든 **돛단배**는 오래전부터 나일강을 따라 상품과 사람을 실어 날라 왔어요. 나일강은 세계에서 가장 긴 강이에요.

참고: 이 지도에 이름이 없는 나라들은 40쪽에서 이름을 찾아보세요.

아프리카에는 **사바나**라고 하는 초원이 드넓게 펼쳐져 있어요. 영양, 얼룩말, 코끼리 같은 동물들이 무리를 짓고 풀을 뜯어 먹으며 살아요. 이 동물들을 사냥하려는 치타를 비롯한 육식 동물들도 모여들어요.

사하라 사막은 세계에서 가장 크고 뜨거운 사막이에요. 모리타니에서 이집트까지 북아프리카에 동서로 넓게 펼쳐져 있지요. 사람들은 낙타를 타고 이 사막을 건너기도 해요.
모리타니는 어디에 있을까요?

케이프타운은 남아프리카 공화국의 도시예요. 테이블산 옆에 있어요.
남아프리카 공화국은 어디에 있을까요?

21

북아메리카

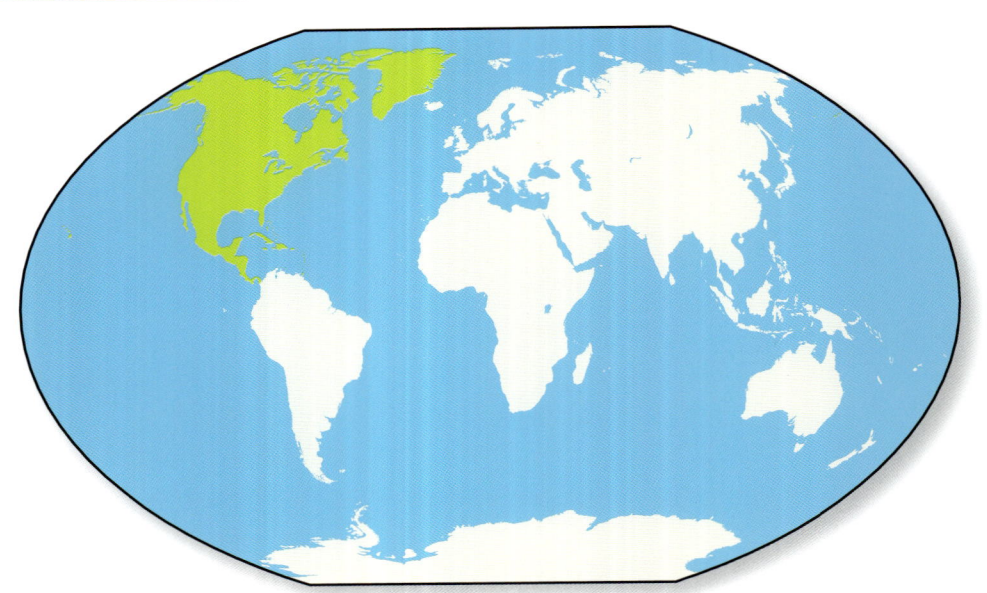

쿠바 어린이들이 학교 수업을 기다리고 있어요.

북아메리카는 북쪽의 캐나다에서 남쪽의 파나마까지 길게 뻗어 있어요. 그린란드와 미국 남부의 많은 섬들도 이 북아메리카 대륙에 속해요. 농사를 짓거나 목장을 운영하는 사람들도 있지만, 대부분은 도시와 마을에 살고 있어요. 북아메리카 사람들은 주로 영어, 에스파냐어, 프랑스어를 써요.

북극곰은 지구에서 가장 북쪽, 일 년 내내 얼음과 눈이 있는 지역에 살아요. 투명한 털이 빛을 반사해 하얀색으로 보이기 때문에 하얀 눈 위에서도 눈에 띄지 않아요.

건물들이 빼곡히 들어찬 이 도시는 멕시코의 **멕시코시티**예요. 북아메리카에서 사람들이 가장 많이 사는 도시이지요.

지도에서 찾아보자!

디날리산은 북아메리카에서 가장 높은 산이에요. 알래스카주에 있어요. 알래스카주는 어디에 있을까요?

작은 벌새는 코스타리카의 산속에 있는 열대 우림에 살아요. 코스타리카는 어디에 있을까요?

북
서 동
남

그린란드
(덴마크 영토)

알래스카주
(미국 영토)

캐나다

대서양

미국

태평양

◀ 북아메리카에서는 농부들이 밀과 옥수수를 비롯해 여러 작물을 키워요. 사진 속 농부들은 캐나다에서 **밀을 거두고** 있어요.

참고: 이 지도에 이름이 없는 나라들은 40쪽에서 이름을 찾아보세요.

멕시코

카리브해

쿠바
도미니카 공화국
아이티
벨리즈
온두라스
니카라과
과테말라
엘살바도르
코스타리카
파나마

멕시코 동쪽에는 아름다운 카리브해의 섬들이 많이 있어요. 쿠바, 아이티, 도미니카 공화국은 어디에 있을까요?

미국에서 가장 오래된 야구팀은 애틀랜타 브레이브스예요. 미국은 어디에 있을까요?

23

미국

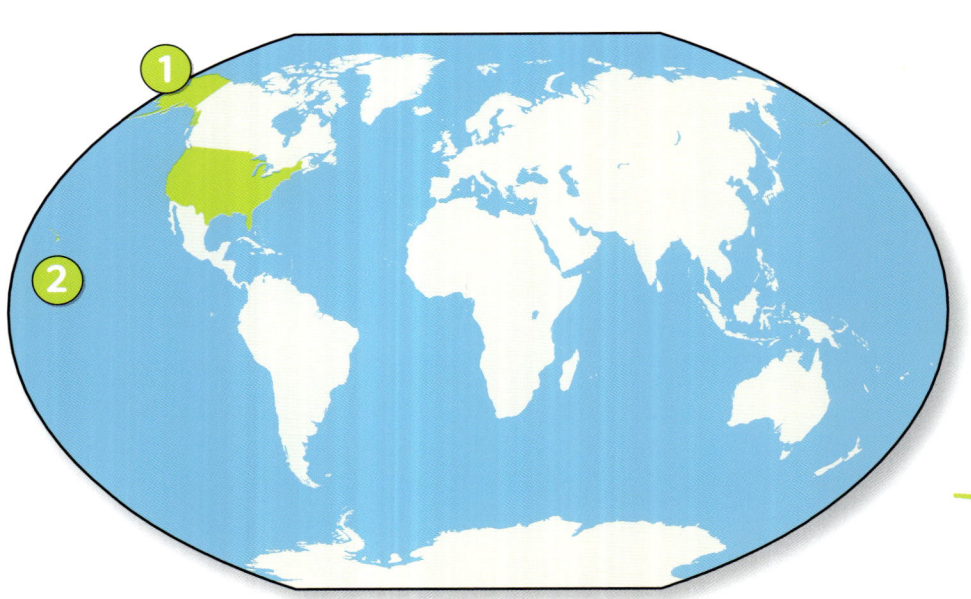

미네소타주의 리틀 리그 야구 선수들

미국은 북아메리카 대륙에 있어요. 전 세계에서 온 사람들이 살고 있는 나라예요. 이 나라는 메인주에서 하와이주까지, 알래스카주에서 플로리다주까지 동서남북으로 펼쳐진 50개 주로 이루어져 있어요.

미국에는 다양한 **도롱뇽**이 살고 있어요. 세계에서 가장 많은 종류가 발견되었어요. 이 중부 도롱뇽은 미국 동부의 숲에서 발견되었어요.

플로리다주의 우주 센터에서 **로켓**이 이륙하고 있어요. 미국은 국제 우주 정거장의 우주 비행사들에게 필요한 것들을 로켓에 실어 보내요.

지도에서 찾아보자!

하와이주와 알래스카주에는 화산이 많아요. 워싱턴주, 오리건주, 캘리포니아주에도 화산이 있어요. 화산이 있는 주 다섯 개는 어디에 있을까요?

에버글레이즈 습지는 플로리다주에 있는 거대한 늪지대예요. 악어와 새 같은 수많은 동물이 살고 있지요. 플로리다주는 어디에 있을까요?

24

참고: 알래스카주와 하와이주의 실제 위치는 왼쪽 페이지 위쪽의 작은 세계 지도에서 찾아보세요.

미국 대통령은 수도인 워싱턴 디시에 있는 **백악관**에서 지내요.

자유의 여신상은 뉴욕시 항구 입구에 우뚝 서 있어요. 자유를 상징하는 이 조각상은 미국에 오는 사람들을 반갑게 맞이해요. **뉴욕주는 어디에 있을까요?**

올드 페이스풀은 뜨거운 물과 증기를 하늘 높이 뿜어요. 와이오밍주의 옐로스톤 국립 공원에서 쉭쉭 뿜어내지요. **와이오밍주는 어디에 있을까요?**

25

캐나다

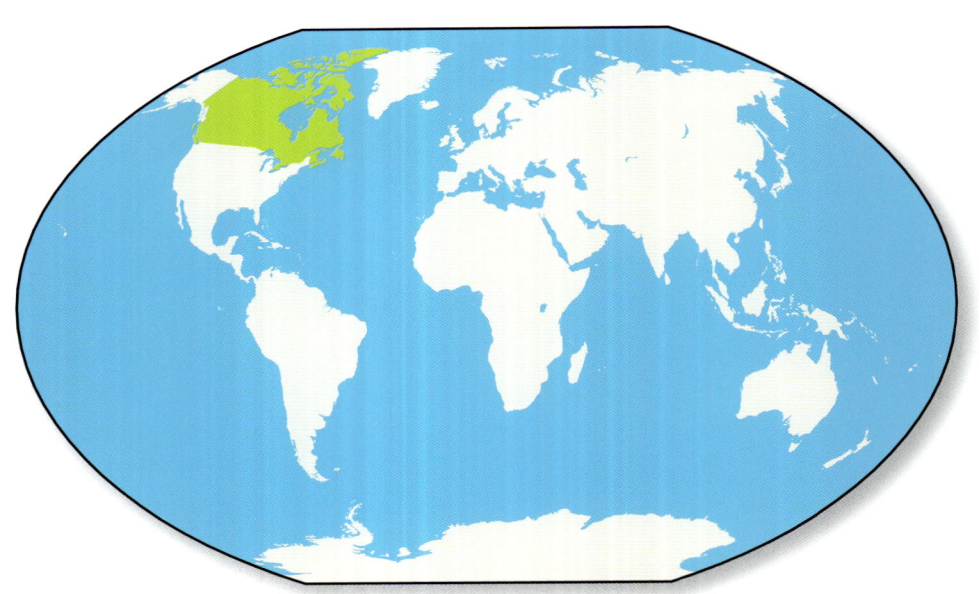

아이스하키는 캐나다에서 인기 있는 스포츠예요.

캐나다는 북아메리카에서 가장 큰 나라예요. 드넓게 트인 곳이 많고 북쪽 지역은 아주 추워요. 북극곰도 그 추운 지역에 살지요. 대부분의 사람들이 사는 도시는 남쪽에 있어요. 캐나다에서 주로 쓰는 언어는 영어와 프랑스어예요.

윈터루드는 캐나다의 수도 오타와에서 열리는 축제예요. 눈 조각상, 세계에서 가장 긴 스케이트장, 눈으로 만든 놀이터로 겨울을 맞이하며 즐겨요!

말코손바닥사슴은 사슴과에서 가장 큰 동물이에요. 캐나다의 여러 호수와 개울, 숲 근처에서 볼 수 있어요.

지도에서 찾아보자!

브리티시컬럼비아주에 사는 원주민들은 알록달록한 토템 기둥에 자신들의 역사를 담아 조각해요.
브리티시컬럼비아주는 어디에 있을까요?

앨버타주에 있는 왕립 티럴 박물관에 가면 공룡 화석을 볼 수 있어요. **앨버타주는 어디에 있을까요?**

26

북
서 동
남

유콘준주
노스웨스트준주
누나부트준주
뉴펀들랜드 앤래브라도주
브리티시 컬럼비아주
앨버타주
서스캐처원주
매니토바주
온타리오주
퀘벡주
프린스 에드워드 아일랜드주
뉴브런즈윅주
노바스코샤주

캐나다 서부의 앨버타주와 브리티시컬럼비아주 사이에 있는 **로키산맥**은 휴가지로 인기가 높아요. 사람들이 찾아와 카누와 하이킹, 스키를 즐기고 험준한 산에 오르지요.

북극토끼는 뉴펀들랜드앤래브라도주에 살아요. 매우 추운 날씨에서도 살 수 있게 두꺼운 털옷을 입고 있어요. **뉴펀들랜드앤래브라도주는 어디에 있을까요?**

시엔(CN)타워는 캐나다에서 가장 높은 탑이에요. 캐나다에서 가장 유명한 장소로 꼽히며 온타리오주 토론토에 있어요. **온타리오주는 어디에 있을까요?**

27

멕시코와 중앙아메리카

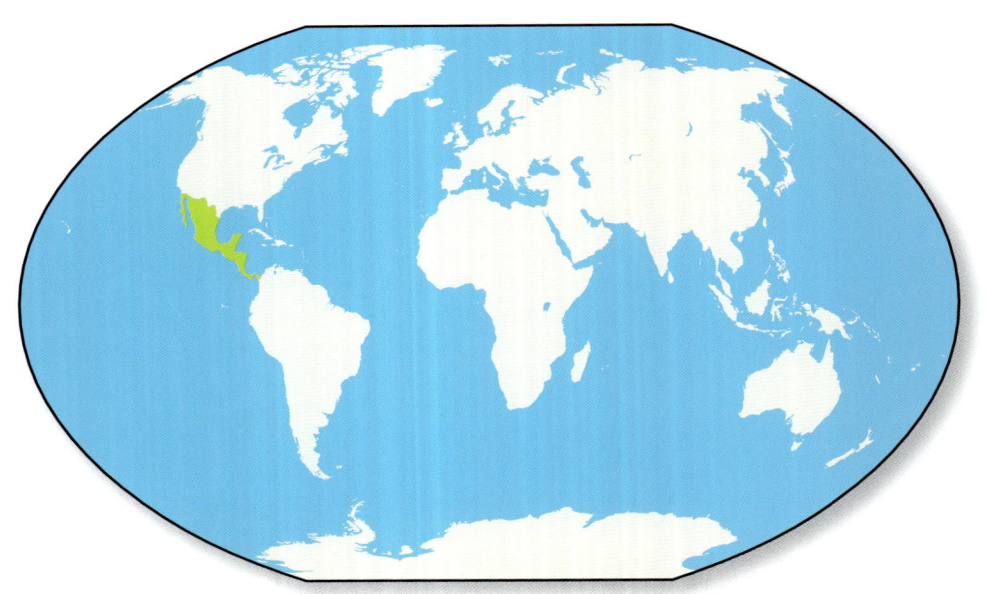

코스타리카에서 아이들이 축구를 하고 있어요.

멕시코와 중앙아메리카는 북아메리카의 남쪽에 있어요. 이 지역에는 나라가 8개 있지요. 이 지역은 열대 기후이고 육지는 대부분이 땅이 비탈진 구릉이거나 산이에요. 주로 쓰는 언어는 에스파냐어와 영어예요.

'죽은 자들의 날'은 세상을 떠난 가족과 친지들을 기리는 멕시코의 명절이에요. 이때 사람들은 얼굴에 그림을 그리고 전통 의상을 차려입은 다음 노래하고 춤춰요.

세발가락나무늘보는 중앙아메리카 남쪽의 열대 우림에 살아요. 이 나무늘보는 하루에 20시간까지 잠을 자요.

지도에서 찾아보자!

이 유리개구리는 온두라스에서 발견돼요. 유리개구리는 피부가 투명해서 속이 훤히 들여다보여요. **온두라스는 어디에 있을까요?**

그레이트 블루홀은 거대한 싱크홀로 벨리즈 동쪽 바닷속에 있어요. **벨리즈는 어디에 있을까요?**

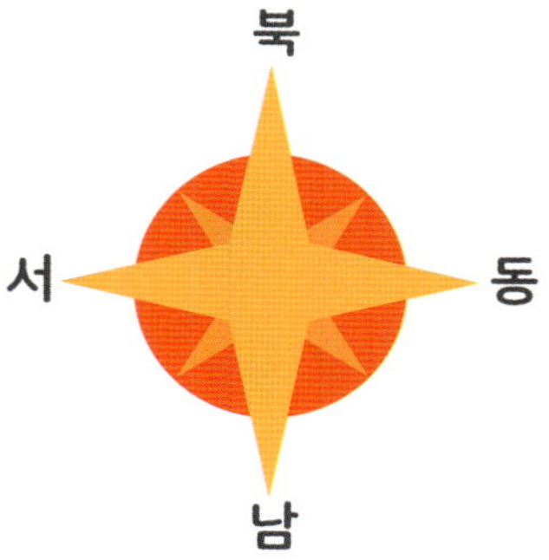

엘살바도르는 **화산**의 땅으로 알려져 있어요. 이 나라에는 화산이 20개나 있어요.

치치카스테낭고 시장은 과테말라의 큰 전통 시장으로 야외에서 열려요. 사람들은 이곳에서 채소, 옷감 등을 사고팔아요.

파나마 운하는 사람들이 땅을 파서 만든 물길이에요. 대서양과 태평양을 연결해 큰 배들이 지나갈 수 있게 하지요.

이 화산은 코스타리카의 열대 우림 가운데에 있어요. **코스타리카는 어디에 있을까요?**

제왕나비는 해마다 겨울이면 미국과 캐나다에서 멕시코로 이주해요. **멕시코는 어디에 있을까요?**

남아메리카

에콰도르의 학생들이에요.

남아메리카에는 12개 나라가 있어요. 프랑스와 영국의 해외 영토도 있어요. 가장 큰 나라인 브라질에서는 사람들이 포르투갈어를 써요. 남아메리카의 다른 나라는 대부분 에스파냐어를 써요. 따뜻하고 비가 잦은 북쪽에는 열대 우림이 있어요. 추운 남쪽에는 눈 덮인 높은 산이 있지요.

아마존강은 아마존 열대 우림을 가로지르며 흘러요. 아마존은 세계에서 가장 큰 열대 우림이에요. 남아메리카 북부에 걸쳐 있지요.

금강앵무는 크고 화려한 새예요. 남아메리카의 열대 우림에서 살지요.

재규어는 남아메리카의 고양이과 중에서 가장 커요.

지도에서 찾아보자!

앙헬 폭포는 세계에서 가장 높은 폭포예요. 이 폭포를 보려면 베네수엘라의 열대 우림을 뚫고 하이킹을 해야만 해요. **베네수엘라는 어디에 있을까요?**

마추픽추는 안데스산맥 꼭대기 근처에 있는 고대 도시예요. 오래전에 페루 원주민들이 세웠어요. **페루는 어디에 있을까요?**

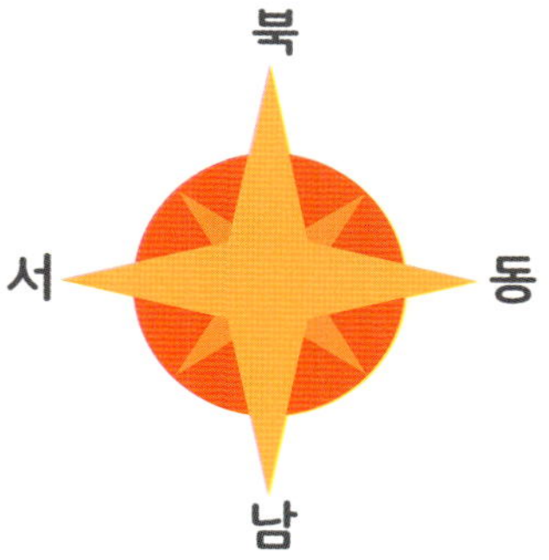

북 서 동 남

베네수엘라
가이아나
수리남
콜롬비아
프랑스령 기아나주
(프랑스 영토)
에콰도르
대서양
태평양
페루
브라질
볼리비아
파라과이
칠레
아르헨티나
우루과이
포클랜드 제도
(영국 영토)

◀ 에콰도르의 농부들은 **바나나**를 키워서 전 세계의 시장에 팔아요.

해마다 여러 나라에서 **카니발**이라는 축제가 열려요. 사람들은 화려하게 꾸미고 거리를 행진하며 즐겨요. ▼

라마는 높은 산을 척척 올라가요. 볼리비아 같은 남아메리카의 산악 국가에서는 사람들이 라마 등에 짐을 실어 날라요. **볼리비아는 어디에 있을까요?**

히아신스금강앵무는 브라질의 아마존 열대 우림에 살아요. 그곳은 지구에서 가장 많은 종류의 동물과 식물이 살아가는 보금자리예요. **브라질은 어디에 있을까요?**

31

오세아니아

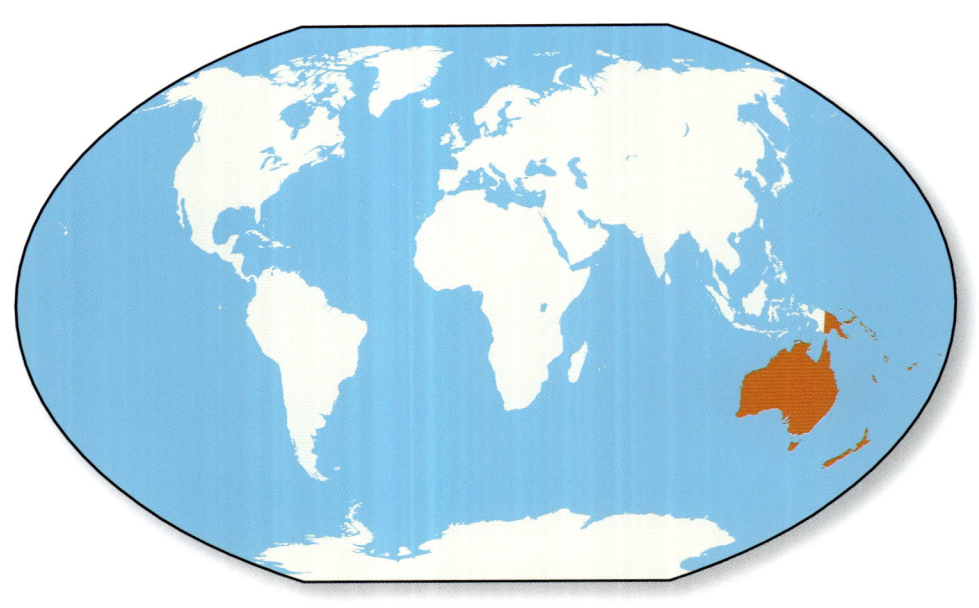

피지에서 파도타기를 즐기는 사람의 모습이에요.

오세아니아는 태평양에 있는 섬 1만여 개로 이루어져 있어요. 오스트레일리아도 오세아니아에 포함돼요. 열대 기후 지역이며 여러 동물들이 살 수 있는 다양한 서식지가 있어요. 예를 들면, 맹그로브 숲, 습지, 산호초 등이 있지요. 사람들은 영어뿐 아니라 각 부족의 여러 가지 언어를 써요.

세로무늬**키위**는 뉴질랜드에만 살아요. 새이지만 날지 못해요. 키위는 긴 부리로 땅에서 곤충과 벌레를 끄집어내 먹어요.

오세아니아 사람들은 섬에서 다른 섬으로 오갈 때 **배**를 자주 타요. 이 배는 통가의 어느 섬 앞바다에 떠 있어요.

지도에서 찾아보자!

뉴질랜드에 사는 마오리족이 이 조각상을 만들었어요. **뉴질랜드는 어디에 있을까요?**

바누아투 사람들이 물로 음악을 만들고 있어요. 북을 두드리는 소리에 맞춰서 물에 손뼉을 치는 거예요. **바누아투는 어디에 있을까요?**

북

서 동

남

북마리아나 제도 연방
(미국 영토)

괌
(미국 영토)

미크로네시아 연방

마셜 제도

하와이
(미국 영토)

키리바시

팔라우

나우루

키리바시

파푸아 뉴기니

투발루

토켈라우 제도
(뉴질랜드 영토)

프랑스령 폴리네시아
(프랑스 영토)

키리바시

솔로몬 제도

사모아

아메리칸사모아
(미국 영토)

바누아투

피지

통가

오스트레일리아

왈리스푸투나 제도
(프랑스 영토)

쿡 제도
(뉴질랜드 영토)

프랑스령 폴리네시아
(프랑스 영토)

핏케언섬
(영국 영토)

누벨칼레도니섬
(프랑스 영토)

노퍽섬
(오스트레일리아 영토)

뉴질랜드

니우에섬
(뉴질랜드 영토)

피지 사람들은 때로 땅속에서 **로보** 요리를 해요. 음식을 바나나 잎으로 감싸서 뜨거운 돌 위에 올려놓고 바나나 잎이나 야자수 잎을 덮어서 익혀요.

맹그로브 숲이 파푸아 뉴기니에 있어요. 맹그로브 나무는 짠 바닷물에 잠긴 습지에서 자라요. 물고기들이 뿌리 사이에 숨곤 하지요.

태평양날여우박쥐는 과일, 꽃, 잎 먹기를 좋아하는 과일박쥐과의 한 종류예요. 통가의 섬에 살고 있어요. **통가는 어디에 있을까요?**

이 듀공은 파푸아 뉴기니 근처의 바다에 살아요. 듀공을 '바다소' 라고도 해요. **파푸아 뉴기니는 어디에 있을까요?**

33

오스트레일리아

오스트레일리아 퀸즐랜드에서 스노클링을 하고 있어요.

오스트레일리아는 가장 작은 대륙이에요. 이 대륙에는 나라가 오스트레일리아뿐이죠! '호주'라고도 해요. 오스트레일리아는 바다에 둘러싸여 있어요. 그레이트배리어리프에는 온갖 바다 생물이 살지요. 오스트레일리아의 가운데에는 비가 아주 적게 오는 사막이 있어요. 오스트레일리아에는 지구의 다른 곳에는 없는 독특한 동물들이 살아요.

시드니 오페라 하우스의 지붕은 배의 돛처럼 생겼어요. 조개껍데기 같기도 해요. 시드니는 오스트레일리아에서 가장 큰 도시예요.

오스트레일리아의 차도는 대부분 곧고 평평해요. **캥거루**가 갑자기 튀어나와 길을 건널지도 모르니 운전할 때는 특히 조심해야 해요!

지도에서 찾아보자!

스노이산맥은 오스트레일리아에서 가장 높은 산맥이에요. 겨울에 폭설이 몰아치지요. **스노이산맥은 어디에 있을까요?**

태즈메이니아데빌은 새끼를 배 주머니에 넣어 키우는 유대류예요. 태즈메이니아섬에 살아요. **태즈메이니아섬은 어디에 있을까요?**

34

남극 대륙

혹등고래가 남극해에서 높이 뛰어오르고 있어요.

남극 대륙에 가면 펭귄과 물범, 눈 덮인 산과 계곡, 얼음을 볼 수 있어요. 이곳은 너무 춥기 때문에 사람들이 잠깐 머물 뿐 계속 살지는 않아요. 남극 대륙에는 도시가 하나도 없지만, 연구를 하는 과학자들은 꽤 있어요. 대한민국 과학자들은 '세종 과학 기지'와 '장보고 과학 기지'에서 연구해요. 남극은 나라가 없는 유일한 대륙이에요.

많은 **과학자**들이 남극 대륙으로 와요. 이 과학자는 황제펭귄이 어떻게 사는지 연구하려고 찾아왔어요.

얼룩무늬물범이 얼음 밑에 있는 펭귄을 잡으러 뛰어들려고 해요. 남극 대륙 주변의 바다에는 많은 종류의 동물이 살고 있어요.

지도에서 찾아보자!

남극에는 산도 있고 화산도 있어요. 에러버스산은 세계에서 가장 남쪽에 있는 화산이에요. **에러버스산은 어디에 있을까요?**

남극점은 지구의 가장 남쪽에 있는 지점이에요. 깃발과 기둥으로 표시되어 있어요. **남극점은 어디에 있을까요?**

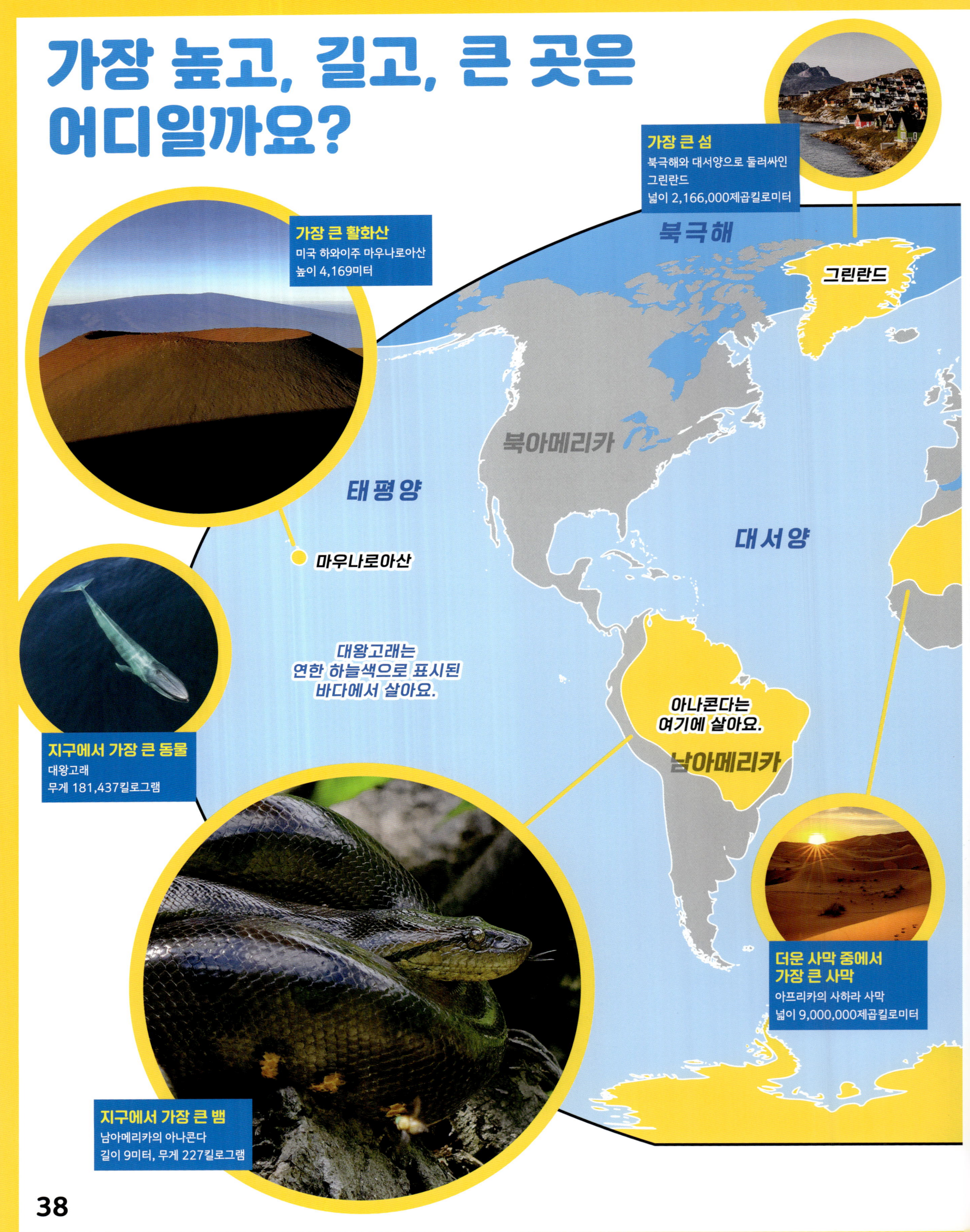

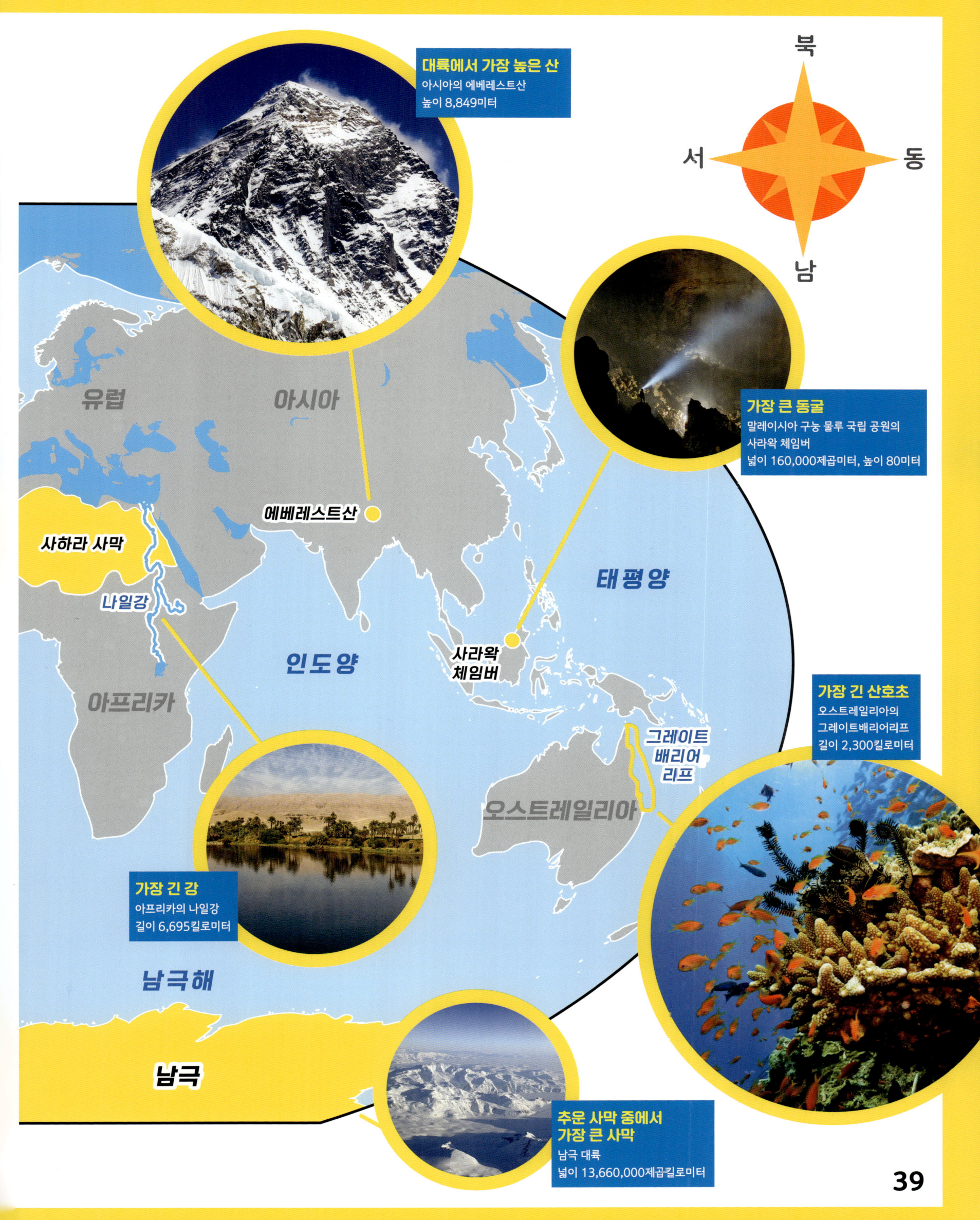

용어 풀이

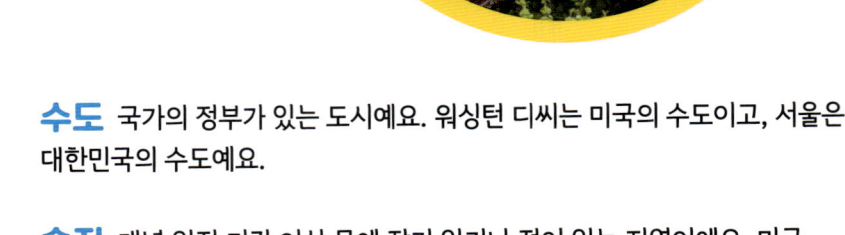
북아메리카에는 나무를 오를 수 있는 포식자인 회색여우가 살아요.

강 땅을 가로지르며 흐르는 큰 물줄기예요. 세계에서 가장 긴 강은 나일강이에요.

반도 대륙에서 바다 쪽으로 좁고 길게 튀어나와 있는 땅이에요. 대한민국과 이탈리아가 반도예요.

빙상 땅을 넓게 덮고 있는 두꺼운 얼음판이에요. 그린란드와 남극 대륙에 빙상이 있어요.

빙붕 땅을 덮고 있던 얼음이 흘러내리다 바다를 만나서 떠 있는 두꺼운 얼음덩어리예요. 가장 큰 빙붕은 남극 대륙에 있어요.

사막 비나 눈이 거의 내리지 않는 곳이에요. 모래사막도 있고 바위 사막도 있고, 뜨거운 사막도 있고 추운 사막도 있어요. 사하라 사막은 뜨거운 사막 중에서 세계에서 가장 커요.

산 주위의 땅보다 높이 솟은 곳이에요. 에베레스트산이 가장 높아요.

산호초 산호초는 따뜻한 바닷속에 생기는 돌처럼 단단한 암초예요. 작은 바다 동물의 뼈대인 산호가 쌓여서 만들어져요.

수도 국가의 정부가 있는 도시예요. 워싱턴 디씨는 미국의 수도이고, 서울은 대한민국의 수도예요.

습지 매년 일정 기간 이상 물에 잠겨 있거나 젖어 있는 지역이에요. 미국 플로리다주 에버글레이즈 습지나 대한민국 인천시의 송도갯벌이 습지예요.

열대 우림 매우 습하고 대체로 따뜻한 지역에서 식물이 빽빽하게 자라는 숲이에요. 세계에서 가장 큰 열대 우림은 아마존강 부근에 있어요.

운하 땅을 파서 강이나 바다가 연결되게 만든 물길로 배가 다닐 수 있어요.

육식 동물 다른 동물을 먹이로 삼는 동물이에요.

툰드라 매우 추운 지역으로, 여름이 아주 짧고 키 작은 식물이 자라요.

해안 육지와 바다가 맞닿는 곳이에요.

호수 오목하게 파인 땅에 물이 고여서 생긴 곳이에요.

화산 지구 내부 깊은 곳에서 녹은 암석이 지표면으로 빠져나오는 구멍이 있는 산이에요.

유칼립투스 잎은 오스트레일리아의 코알라가 가장 좋아하는 먹이예요.

일러두기
대륙 지도에 이름이 표시되지 않은 나라들

15쪽, 면적이 259,000제곱킬로미터 미만인 나라
동티모르, 라오스, 레바논, 몰디브, 바레인, 방글라데시, 부탄, 북한, 브루나이, 스리랑카, 시리아, 싱가포르, 아랍 에미리트, 아르메니아, 아제르바이잔, 요르단, 조지아, 카타르, 캄보디아, 쿠웨이트, 키르기스스탄, 타지키스탄
*참고: 대한민국, 이스라엘, 네팔은 면적은 작지만 본문에 나오므로, 15쪽의 아시아 지도에 표시되어 있어요.

18-19쪽, 면적이 62,160제곱킬로미터 미만인 나라
네덜란드, 덴마크, 룩셈부르크, 리히텐슈타인, 마케도니아, 모나코, 몬테네그로, 몰도바, 몰타, 바티칸 시국, 벨기에, 보스니아 헤르체고비나, 산마리노, 스위스, 슬로바키아, 슬로베니아, 안도라, 알바니아, 에스토니아, 코소보, 크로아티아, 키프로스

21쪽, 면적이 243,460제곱킬로미터 미만인 나라
가나, 감비아, 기니비사우, 라이베리아, 르완다, 레소토, 말라위, 모리셔스, 베냉, 부룬디, 적도 기니, 지부티, 상투메프린시페, 세네갈, 세이셸, 시에라리온, 우간다, 에리트레아, 에스와티니, 카보베르데, 코모로, 토고, 튀니지

23쪽, 면적이 20,720제곱킬로미터 미만인 나라
그레나다, 도미니카, 바베이도스, 바하마, 세인트루시아, 세인트빈센트 그레나딘, 세인트키츠 네비스, 앤티가 바부다, 자메이카, 트리니다드 토바고

사진 저작권

AS: Adobe Stock; ASP: Alamy Stock Photo; GI: Getty Images; NGIC: National Geographic Image Collection; SS: Shutterstock

룩셈부르크의 저녁 풍경

Cover (LO LE), Eric Isselée/AS; (UP RT), Scanrail/AS; (LO CTR), wajan/AS; (CTR RT), Peter Wollinga/Dreamstime; (LO RT), Kovaleva_Ka/SS; back cover (CTR LE), hyserb/AS; (UP LE), Reinhard Dirscherl/GI; (UP RT), misu/AS; (CTR RT), AlexAnton/AS; (LO LE), Hafsteinn Karlsson/GI; 1, National Geographic Kids; vector art (throughout), Tiwat K/SS and AuraArt/SS; 4, leonello/GI; 5 (LO RT), Comstock; 8-9, National Geographic Kids; 14 (UP), Sony Herdiana/SS; 14 (CTR LE), Hung Chung Chih/SS; 14 (CTR RT), Daniel Prudek/SS; 14 (LO LE), Yotir/GI; 15 (LO RT), Yuri Yavnik/SS; 15 (CTR), photoDISC; 15 (LO RT), John S Lander/GI; 16 (UP), 연합뉴스; 16 (CTR LE), Kim,Hyun-tae/iNaturalist(CC BY); 16 (CTR RT), 강형원/한국저작권위원회(CC BY); 16 (LO LE), hyeongaram/Pixabay; 16 (LO RT), 김민지/한국저작권위원회(CC BY); 17 (UP), 전영재/한국저작권위원회(CC BY); 17 (CTR), Engin Cukuroglu/Wikimedia; 17 (LO LE), Seongbin Im/flickr; 17 (LO RT), Minku Kang/Unsplash; 18 (CTR), fottoo/AS; 18 (LO LE), alex83/SS; 18-19 (CTR LE), SurkovDimitri/GI; 18 (LO RT), Niedring/Drentwett/GI; 18 (LO RT), Mateusz/AS; 19 (CTR RT), S.Borisov/SS; 19 (LO LE), WDG Photo/SS; 19 (LO RT), TorriPhoto/GI; 20 (UP RT), Majority World/GI; 20 (CTR LE), Daniel/AS; 20 (CTR RT), OSORIOartist/SS; 20 (LO LE), Graeme Shannon/SS; 20 (LO RT), WitR/SS; 20-21 (CTR), erichon/SS; 21 (LO LE), eAlisa/SS; 21 (LO RT), Deyan/AS; 21 (LO RT), ESB Professional/SS; 22 (UP RT), Peter Treanor/ASP; 22 (CTR RT), J. Baylor Roberts/NGIC; 22 (CTR LE), Gecko1968/SS; 22 (LO LE), photoDISC; 22 (LO RT), drferry/GI; 23 (CTR LE), Marianna Ianovska/SS; 23 (LO LE), SCStock/AS; 23 (LO RT), Sean M. Haffey/GI; 24 (UP), Steve Skjold/ASP; 24 (CTR LE), NASA/Tony Gray and Sandra Joseph; 24 (CTR RT), Mike Wilhelm/AS; 24 (LO LE), AZ68/GI; 24 (LO RT), Don Mammoser/SS; 25 (CTR RT), Vacclav/SS; 25 (LO LE), AG-PHOTOS/SS; 25 (LO RT), Lorcel/SS; 26 (UP), Xinhua News Agency/GI; 26 (CTR LE), Michal_K/SS; 26 (CTR RT), Carl & Ann Purcell/GI; 26 (LO LE), JJS-Pepite/GI; 26 (LO RT), Vincent Jiang/SS; 27 (CTR), BrianAJackson/ GI; 27 (LO LE), Nick Dale/AS; 27 (LO RT), Russell Marini/SS; 28 (UP), Orlando Sierra/AFP/GI; 28 (LO LE), Alex Hyde/Nature Picture Library; 20 (CTR RT), Tetra Images, LLC/ASP; 28 (CTR LE), Harry Collins/AS; 28 (LO RT), James/AS; 28-29, Robert Wyatt/ASP; 29 (CTR RT), Solarisys/AS; 29 (UP RT), travelphotos/AS; 29 (LO RT), Kevin/AS; 29 (LO RT), Sylvain Cordier/Nature Picture Library; 30 (CTR LE), Mikadun/SS; 30 (CTR CTR), Vladimir Melnik/SS; 30 (CTR RT), atoss/AS; 22 (LO LE), Alice Nerr/SS; 30 (LO RT), Dan Breckwoldt/SS; 30 (UP RT), Hugh Sitton/GI; 31 (LO LE), robertcicchetti/GI; 31 (CTR LE), Marcio Isensee e Sá/AS; 31 (LO RT), Tarcisio Schnaider/AS; 31 (CTR RT), Celso Pupo/SS; 32 (UP RT), Ric Ergenbright/ASP; 32 (CTR RT), Bruce Thomson/Nature Picture Library; 32 (CTR LE), Mari Anuhea/SS; 32 (LO LE), Karl Johaentges/Image Professionals GmbH/ASP; 32 (LO RT), Galaxiid/ASP; 33 (CTR RT), Reinhard Dirscherl/mauritius images GmbH/ASP; 33 (CTR LE), Douglas Peebles Photography/ASP; 33 (LO LE), Merlin Tuttle/Science Source; 33 (LO RT), vkilikov/AS; 34 (UP), ChameleonsEye/SS; 34 (CTR LE), JohnCarnemolla/GI; 34 (CTR RT), Nadezda Zavitaeva/SS; 34 (LO LE), Greg Brave/SS; 34 (LO RT), Flash-ka/SS; 35 (CTR), Anne B. Keiser/NGIC; 35 (LO LE), Debra James/SS; 35 (LO RT), Stanislav Fosenbauer/SS; 36 (UP), Flip De Nooyer/Minden Pictures; 36 (CTR), Achim Baque/SS; 36 (LO LE), Andrew H. Brown/NGIC; 36 (LO RT), Mike/AS; 37 (CTR), Colin Monteath/Minden Pictures; 37 (LO LE), estanux/SS; 37 (LO RT), Volodymyr Goinyk/SS; 38 (UP RT), Mathias/AS; 38 (UP LE), Joshua Lien/EyeEm/GI; 38 (CTR LE), Mark Carwardine/Nature Picture Library; 38 (CTR RT), Alexander/AS; 38 (LO LE), Labetaa Andre/SS; 39 (UP), Travel Stock/AS; 39 (UP RT), Robbie Shone/NGIC; 39 (CTR LE), gil7416/AS; 39 (CTR RT), Pete Niesen Photo/AS; 39 (LO), Martha Holmes/Nature Picture Library; 40 (UP), Danita Delimont/AS; 40 (LO), MrPreecha/AS; 41 (UP), Marcin Krzyzak/AS; 41 (LO), Dolores Harvey/AS

지은이 내셔널지오그래픽 키즈
내셔널지오그래픽은 최신 기술로 수집한 정보를 혁신적인 지도 제작 기술과 결합해 최고의 물리적 지도와 정치, 주제 지도를 만들며, 지리학 지식을 전 세계에 퍼뜨리는 데 기여해 왔다. 어린이 출판 브랜드인 내셔널지오그래픽 키즈는 우주, 자연, 생태, 역사 등의 콘텐츠를 독보적인 수준의 사진 자료와 함께 제공하고 있다.

마사 B. 샤르마는 미국 워싱턴 디시에서 25년 동안 지리 교육자로서 일했다. 1987년부터 내셔널 지오그래픽의 고문으로 일하면서, 내셔널 지오그래픽 지리 대회를 비롯해 책과 지도책의 출판 및 미디어 프로젝트에 참여했다.

스카이 파워스-카민스키는 내셔널지오그래픽 공인 교육자이며 환경 지리학 학사 학위 및 과학과 사회 교육 석사 학위가 있다. 20년 넘게 교육 현장에서 일하면서 교육 과정을 개발하고 교육법을 지도했다. 특히 생물 지리학 교육에 관심이 많고 사람이 자연과 문화를 이해하고 연결해 볼 수 있도록 돕는 데서 기쁨을 얻고 있다.

토바 P. 클라인 박사는 유아 발달 전문가로서 바너드 대학의 유아 발달 센터장을 맡고 있다. 또한 맨해튼 어린이 박물관, 어린이를 위한 헌츠 포인트 연합 등 세계 각지의 어린이 프로그램의 고문을 맡았다.

옮긴이 서남희
대학에서 역사와 영문학을, 대학원에서 서양사를 공부했다. 지은 책으로 『그림책과 작가 이야기』 시리즈, 옮긴 책으로 『아기 물고기 하양이』 시리즈, 『분홍 모자』, 『코끼리 탐험대와 지구 한 바퀴』, 『세계사를 한눈에 꿰뚫는 대단한 지리』, 『세계사와 지리가 보이는 특급 기차 여행』 등이 있다.

내셔널지오그래픽 키즈
나의 첫 세계 지도책

1판 1쇄 펴냄 – 2024년 2월 7일 | 1판 2쇄 펴냄 – 2025년 4월 22일
지은이 내셔널지오그래픽 키즈 외 옮긴이 서남희 펴낸이 박상희 편집장 전지선 편집 김지호, 서은미 디자인 전유진
펴낸곳 ㈜비룡소 출판등록 1994.3.17.(제16-849호) 주소 06027 서울시 강남구 도산대로1길 62 강남출판문화센터 4층
전화 02)515-2000 팩스 02)515-2007 홈페이지 www.bir.co.kr
제품명 어린이용 각양장 도서 제조자명 ㈜비룡소 제조국명 대한민국 사용연령 3세 이상

MY FIRST ATLAS OF THE WORLD
First Edition Copyright for OUR WORLD: A CHILD'S FIRST PICTURE ATLAS © 2000 National Geographic Society
Second Edition as MY FIRST ATLAS OF THE WORLD Copyright © 2018 National Geographic Partners, LLC.
Third Edition Copyright © 2023 National Geographic Partners, LLC.
Korean Edition Copyright © 2024 National Geographic Partners, LLC.
All rights reserved.
NATIONAL GEOGRAPHIC and Yellow Border Design are trademarks of the National Geographic Society, used under license.

이 책의 한국어판 저작권은 National Geographic Partners, LLC.에 있으며, ㈜비룡소에서 번역하여 출간하였습니다.
저작권법에 의해 한국 내에서 보호를 받는 저작물이므로 무단 전재와 무단 복제를 금합니다.
ISBN 978-89-491-3261-7 74980 / ISBN 978-89-491-3260-0 (세트)

툰드라에서 흰올빼미가 날고 있어요

최고의 사진으로 만나는
내셔널지오그래픽 키즈 베스트

지도와 사진으로 보는, 자연과 문화가 보이는 지리책

7세 이상

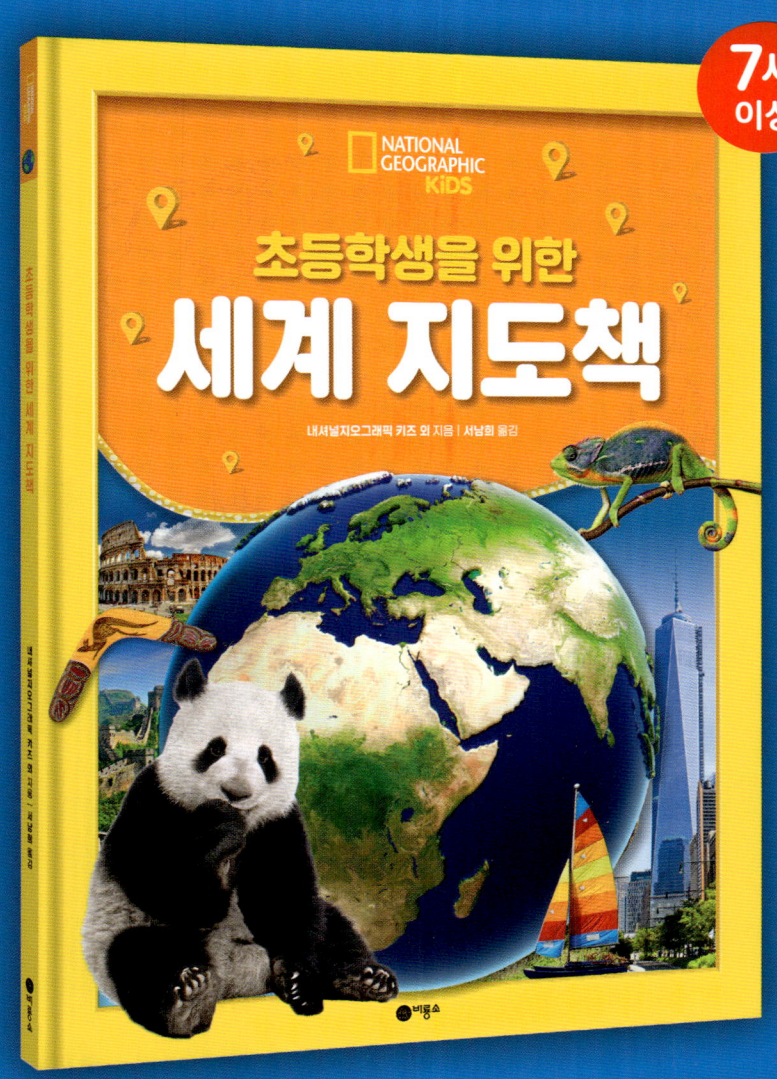

초등학생이 알아야 할 세계 지리 정보를
이 한 권에 담았다!

초등학생을 위한 세계 지도책
내셔널지오그래픽 키즈 외 지음 | 서남희 옮김